王陽明先生傳習録

明・王陽明 著

黄山書社

王陽明先生傳習錄

明·王陽明 著

黄山書社

王文成公全書卷之三

語錄三　傳習錄下

正德乙亥九川初見先生於龍江先生與甘泉先生論格物之說甘泉持舊說先生曰是求之於外了甘泉曰若以格物理爲外是自小其心也九川甚喜舊說之是先生又論盡心一章九川一聞卻遂無疑後家居復以格物遺質先生荅云但能實地用功久當自釋山間乃自錄大學舊本讀之覺朱子格物之說非是然亦疑先生以意之所在爲物物字未明己卯歸

自京師再見先生於洪都先生兵務倥偬乘隙講授首問近年用功何如九川曰近年體驗得明明德功夫只是誠意自明明德於天下步步推入根源到誠意上再去不得如何以前又有格致工夫後又體驗覺得意之誠僞必先知覺乃可以顏子有不善未嘗知之知之未嘗復行爲證豁然若無疑卻又多了格物功夫又思來吾心之靈何有不知意之善惡只是物欲蔽了須格去物欲始能如顏子未嘗不知耳又自疑功夫顛倒與誠意不成片段後問希顏希顏曰

先生謂格物致知是誠意功夫極好九川曰如何是誠意功夫希顔令再思體看九川終不悟請問先生曰惜哉此可一言而悟惟濬所舉顔子事便是了只要知身心意知物是一件九川疑曰物在外如何與身心意知是一件先生曰耳目口鼻四肢身也非心安能視聽言動心欲視聽言動無耳目口鼻四肢亦不能故無心則無身無身則無心但指其充塞處言之謂之身指其主宰處言之謂之心指心之發動處謂之意指意之靈明處謂之知指意之涉着處謂之物只是一件意未有懸空的必着事物故欲誠意則隨意所在某事而格之去其人欲而歸於天理則良知之在此事者無蔽而得致矣此便是誠意的功夫九川乃釋然破數年之疑又問甘泉近亦信用大學古本謂格物猶言造道又謂窮理如窮其巢穴之窮以身至之也故格物亦只是隨處體認天理似與先生之説漸同先生曰甘泉用功所以轉得來當時與説親民字不須改他亦不信今論格物亦近但不須換物字作理字只還他一物字便是後有人問九川

曰今何不疑物字曰中庸曰不誠無物程子曰物來順應又如物各付物胷中無物之類皆古人常用字也他日先生亦云然

九川問近年因厭泛濫之學每要靜坐求屏息念慮非惟不能愈覺擾擾如何先生曰念如何可息只是要正曰當自有無念時否先生曰實無無念時曰如此却如何言靜曰靜未嘗不動動未嘗不靜戒謹恐懼即是念何分動靜曰周子何以言定之以中正仁義而主靜曰無欲故靜是靜亦定動亦定的定字主其

本體也戒懼之念是活潑地此是天機不息處所謂維天之命於穆不已一息便是死非本體之念即是私念

又問用功收心時有聲色在前如常聞見恐不是專一曰如何欲不聞見除是槁木死灰耳聾目盲則可只是雖聞見而不流去便是曰昔有人靜坐其子隔壁讀書不知其勤惰程子稱其甚敬何如曰伊川恐亦是譏他

又問靜坐用功頗覺此心收斂遇事又斷了旋起箇念

頭去事上省察事過又尋舊功還覺有內外打不作一片先生曰此格物之說未透心何嘗有內外即如惟濬今在此講論又豈有一心在內照管這聽講說時專敬即是那靜坐時心功夫一貫何須更起念頭人須在事上磨鍊做功夫乃有益若只好靜遇事便亂終無長進那靜時功夫亦差似收斂而實放溺也

後在洪都復與于中國裳論內外之說渠皆云物自有內外但要內外並着功夫不可有閒耳以質先生曰功夫不離本體本體原無內外只爲後來做功夫

的分了內外失其本體了如今正要講明功夫不要有內外乃是本體功夫是日俱有省

又問陸子之學何如先生曰濂溪明道之後還是象山只是粗些九川曰看他論學篇篇說出骨髓句句似鍼膏肓卻不見他粗先生曰然他心上用過功夫與揣摹依倣求之文義自不同但細看有粗處用功久當見之

庚辰往虔州再見先生問近來功夫雖若稍知頭腦然難尋箇穩當快樂處先生曰爾卻去心上尋箇天理

此正所謂理障此間有箇訣竅曰請問如何曰只是致知曰如何致曰爾那一點良知是爾自家底準則爾意念着處他是便知是非便知非更瞞他一些不得爾只不要欺他實實落落依着他做去善便存惡便去他這裏何等穩當快樂此便是格物的眞訣致知的實功若不靠着這些眞機如何去格物我亦近年體貼出來如此分明初猶疑只依他恐有不足精細看無些小欠闕

在虔與于中謙之同侍先生曰人胷中各有箇聖人只自信不及都自埋倒了因顧于中曰爾胷中原是聖人于中起不敢當先生曰此是爾自家有的如何要推于中又曰不敢先生曰衆人皆有之況在于中卻何故謙起來謙亦不得于中乃笑受又論良知在人隨你如何不能泯滅雖盜賊亦自知不當爲盜喚他做賊他還忸怩于中曰只是物欲遮蔽良心在內自不會失如雲自蔽日日何嘗失了先生曰于中如此聰明他人見不及此

先生曰這些子看得透徹隨他千言萬語是非誠僞到

前便明合得的便是合不得的便非如佛家說心印
相似眞是箇試金石指南針

先生曰人若知這良知訣竅隨他多少邪思枉念這裏
一覺都自消融眞箇是靈丹一粒點鐵成金

崇一曰先生致知之旨發盡精蘊看來這裏再去不得
先生曰何言之易也再用功半年看如何又用功一
年看如何功夫愈久愈覺不同此難口說

先生問九川於致知之說體驗如何九川曰自覺不同
往時操持常不得箇恰好處此乃是恰好處先生曰

可知是體來與聽講不同我初與講時知爾只是忽
易未有滋味只這箇要妙再體到深處日見不同是
無窮盡的又曰此致知二字眞是箇千古聖傳之祕
見到這裏百世以俟聖人而不惑

九川問曰伊川說到體用一原顯微無閒處門人已說
是泄天機先生致知之說莫亦泄天機太甚否先生
曰聖人已指以示人只爲後人揜匿我發明耳何故
說泄此是人人自有的覺來甚不打緊一般然與不
用實功人說亦甚輕忽可惜彼此無益無實用功而

不得其要者提撕之甚沛然得力

又曰知來本無知覺來本無覺然不知則遂淪埋

先生曰大凡朋友須箴規指摘處少誘掖奬勸意多方是後又戒九川云與朋友論學須委曲謙下寬以居之

九川臥病虔州先生云病物亦難格覺得如何對曰功夫甚難先生曰常快活便是功夫

九川問自省念慮或涉邪妄或預料理天下事思到極處井井有味便繾綣難屏覺得早則易覺遲則難用力克治愈覺扞格惟稍遷念他事則隨兩忘如此廓

清亦似無害先生曰何須如此只要在良知上着功夫九川曰正謂那一時不知先生曰我這裏自有功夫何緣得他來只爲爾功夫斷了便蔽其知旣斷了則繼續舊功便是何必如此九川曰直是難鏖雖知丟他不去先生曰須是勇用功久自有勇故曰是集義所生者勝得容易便是大賢

九川問此功夫卻於心上體驗明白只解書不通先生曰只要解心心明白書自然融會若心上不通只要

書上文義通卻自生意見

有一屬官因久聽講先生之學曰此學甚好只是簿書訟獄繁難不得爲學先生聞之曰我何嘗教爾離了簿書訟獄懸空去講學爾既有官司之事便從官司的事上爲學纔是眞格物如問一詞訟不可因其應對無狀起箇怒心不可因他言語圓轉生箇喜心不可惡其囑托加意治之不可因其請求屈意從之不可因自已事務煩冗隨意苟且斷之不可因旁人譖毀羅織隨人意思處之這許多意思皆私只爾自知須精細省察克治惟恐此心有一毫偏倚杜人是非這便是格物致知簿書訟獄之間無非實學若離了事物爲學卻是著空

虔州將歸有詩別先生云良知何事繫多聞妙合當時已種根好惡從之爲聖學將迎無處是乾元先生曰若未來講此學不知說好惡從之從箇甚麽敷英在座曰誠然嘗讀先生大學古本序不知所說何事及來聽講許時乃稍知大意

于中國裳輩同侍食先生曰凡飲食只是要養我身食

了要消化若徒蓄積在肚裏便成痞了如何長得肌膚後世學者博聞多識留滯胸中皆傷食之病也

先生曰聖人亦是學知衆人亦是生知問曰何如曰這良知人人皆有聖人只是保全無些障蔽兢兢業業亹亹翼翼自然不息便也是學只是生的分數多所以謂之生知安行衆人自孩提之童莫不完具此知只是障蔽多然本體之知自難泯息雖問學克治也只憑他只是學的分數多所以謂之學知利行

黄以方問先生格致之說隨時格物以致其知則知是一節之知非全體之知也何以到得溥博如天淵泉如淵地位先生曰人心是天淵心之本體無所不該原是一箇天只爲私欲障礙則天之本體失了心之理無窮盡原是一箇淵只爲私欲窒塞則淵之本體失了如今念念致良知將此障礙窒塞一齊去盡則本體已復便是天淵了乃指天以示之曰比如面前見天是昭昭之天四外見天也只是昭昭之天只爲許多房子牆壁遮蔽便不見天之全體若撤去房子牆壁總是一箇天矣不可道眼前天是昭昭之天外

而又不是昭昭之天也于此便見一節之知即全體之知全體之知即一節之知總是一箇本體巳下門人黃直錄

先生曰聖賢非無功業氣節但其循著這天理則便是道不可以事功氣節名矣

發憤忘食是聖人之志如此眞無有巳時樂以忘憂是聖人之道如此眞無有戚時恐不必云得不得也

先生曰我輩致知只是各隨分限所及今日良知見在如此只隨今日所知擴充到底明日良知又有開悟

便從明日所知擴充到底如此方是精一功夫與人論學亦須隨人分限所及如樹有這些萌芽只把這些水去灌溉萌芽再長便又加水自拱把以至合抱灌溉之功皆是隨其分限所及若些小萌芽有一桶水在盡要傾上便浸壞他了

問知行合一先生曰此須識我立言宗旨今人學問只因知行分作兩件故有一念發動雖是不善然卻未曾行便不去禁止我今說箇知行合一正要人曉得一念發動處便即是行了發動處有不善就將這不

善的念克倒了須要徹根徹底不使那一念不善潛
伏在胸中此是我立言宗旨

聖人無所不知只是知箇天理無所不能只是能箇天
理聖人本體明白故事事知箇天理所在便去盡箇
天理不是本體明後卻於天下事物都便知得便做
得來也天下事物如名物度數草木鳥獸之類不勝
其煩聖人須是本體明了亦何緣能盡知得但不必
知的聖人自不消求知其所當知的聖人自能問人
如子入太廟每事問之類先儒謂雖知亦問敬謹之

至此說不可通聖人於禮樂名物不必盡知然他知
得一箇天理便自有許多節文度數出來不知能問
亦即是天理節文所在

問先生嘗謂善惡只是一物善惡兩端如冰炭相反如
何謂只一物先生曰至善者心之本體本體上才過
當些子便是惡了不是有一箇善卻又有一箇惡來
相對也故善惡只是一物直因聞先生之說則知程
子所謂善固性也惡亦不可不謂之性又曰善惡皆
天理謂之惡者本非惡但於本性上過與不及之間

耳其說皆無可疑

先生嘗謂人但得好善如好好色惡惡如惡惡臭便是聖人直初時聞之覺甚易後體驗得來此箇功夫著實是難如一念雖知好善惡惡然不知不覺又夾雜去了才有夾雜便不是好善如好好色惡惡如惡惡臭的心善能實實的好是無念不善矣惡能實實的惡是無念及惡矣如何不是聖人故聖人之學只是一誠而已

問修道說言率性之謂道屬聖人分上事修道之謂教屬賢人分上事先生曰衆人亦率性也但率性在聖人分上較多故率性之謂道屬聖人事聖人亦修道也但修道在賢人分上多故修道之謂教屬賢人事又曰中庸一書大抵皆是說修道的事故後面凡說君子說顔淵說子路皆是能修道的說小人說賢知愚不肖說庶民皆是不能修道的其他言舜文周公仲尼至誠至聖之類則又聖人之自能修道者也

問儒者到三更時分掃蕩胷中思慮空空靜靜與釋氏之靜只一般兩下皆不用此時何所分別先生曰動

靜只是一箇那三更時分空空靜靜的只是存天理卽是如今應事接物的心如今應事接物的心亦是循此天理便是那三更時分空空靜靜的心故動靜只是一箇分別不得知得動靜合一釋氏毫釐差處亦自莫揜矣

門人在座有動止甚矜持者先生曰人若矜持太過終是有弊曰矜持太過如何有弊曰人只有許多精神若專在容貌上用功則於中心照管不及者多矣有太直率者先生曰如今講此學卻外面全不檢束又分心與事爲二矣

門人作文送友行問先生曰作文字不免費思作了後又一二日常記在懷曰文字思索亦無害但作了常記在懷則爲文所累心中有一物矣此則未可也又作詩送人先生看詩畢謂曰凡作文字要隨我分限所及若說得太過了亦非修辭立誠矣

文公格物之說只是少頭腦如所謂察之於念慮之微此一句不該與求之文字之中驗之於事爲之著索之講論之際混作一例看是無輕重也

問有所忿懥一條先生曰忿懥幾件人心怎能無得只是不可有耳凡人忿懥著了一分意思便怒得過當非廓然大公之體了故有所忿懥便不得其正也如今於凡忿懥等件只是箇物來順應不要着一分意思便心體廓然大公得其本體之正了且如出外見人相鬬其不是的我心亦怒然雖怒卻此心廓然不曾動些子氣如今怒人亦得如此方纔是正

先生嘗言佛氏不著相其實著了相吾儒著相其實不著相請問曰佛怕父子累卻逃了父子怕君臣累卻逃了君臣怕夫婦累卻逃了夫婦都是爲箇君臣父子夫婦著了相便須逃避如吾儒有箇父子還他以仁有箇君臣還他以義有箇夫婦還他以別何曾著父子君臣夫婦的相

黃勉叔問心無惡念時此心空空蕩蕩的不知亦須存箇善念否先生曰既去惡念便是善念便復心之本體矣譬如日光被雲來遮蔽雲去光已復矣若惡念既去又要存箇善念即是日光之中添燃一燈已下門人黃修易錄

問近來用功亦頗覺妄念不生但腔子裏黑窣窣的不知如何打得光明先生曰初下手用功如何腔子裏便得光明譬如奔流濁水纔貯在缸裏初然雖定也只是昏濁的須俟澄定既久自然渣滓盡去復得清來汝只要在良知上用功良知存久黑窣窣自能光明矣今便要責效卻是助長不成工夫

先生曰吾教人致良知在格物上用功卻是有根本的學問日長進一日愈久愈覺精明世儒教人事事物物上去尋討卻是無根本的學問方其壯時雖暫能外面修飾不見有過老則精神衰邁終須放倒譬如無根之樹移栽水邊雖暫時鮮好終久要憔悴

問志於道一章先生曰只志道一句便含下面數句功夫自住不得譬如做此屋志于道是念念要去擇地鳩材經營成箇區宅據德卻是經畫已成有可據矣依仁卻是常常住在區宅內更不離去游藝卻是加些畫采美此區宅藝者義也理之所宜者也如誦詩讀書彈琴習射之類皆所以調習此心使之熟於道也苟不志道而游藝卻如無狀小子不先去置造區

宅只管要去買畫掛做門面不知將掛在何處

問讀書所以調攝此心不可缺的但讀之之時一種科目意思牽引而來不知何以免此先生曰只要良知眞切雖做舉業不爲心累總有累亦易覺克之而已且如讀書時良知知得强記之心不是卽克去之有欲速之心不是卽克去之有誇多鬭靡之心不是卽克去之如此亦只是終日與聖賢印對是箇純乎天理之心任他讀書亦只是調攝此心而已何累之有曰雖蒙開示奈資質庸下實難免累竊聞窮通有命上智之人恐不屑此不肖爲聲利牽纏甘心爲此徒自苦耳欲屏棄之又制於親不能舍去奈何先生曰此事歸辭於親者多矣其實只是無志志立得時良知千事萬爲只是一事讀書作文安能累人人自累於得失耳因嘆曰此學不明不知此處擔閣了幾多英雄漢

問生之謂性告子亦說得是孟子如何非之先生曰固是性但告子認得一邊去了不曉得頭腦若曉得頭腦如此說亦是孟子亦曰形色天性也這也是指氣

說又曰凡人信口說任意行皆說此是依我心性出來此是所謂生之謂性然卻要有過差若曉得頭腦依吾良知上說出來行將去便自是停當然良知亦只是這口說這身行豈能外得氣別有箇去行去說故曰論性不論氣不備論氣不論性不明氣亦性也性亦氣也但須認得頭腦是當

又曰諸君功夫最不可助長上智絕少學者無超入聖人之理一起一伏一進一退自是功夫節次不可以我前日用得功夫了今卻不濟便要矯強做出一箇沒破綻的模樣這便是助長連前些子功夫都壞了

此非小過譬如行路的人遭一蹶跌起來便走不要欺人做那不曾跌倒的樣子出來諸君只要常常懷箇遁世無悶不見是而無悶之心依此良知忍耐做去不管人非笑不管人毀謗不管人榮辱任他功夫有進有退我只是這致良知的主宰不息久久自然有得力處一切外事亦自能不動

又曰人若著實用功隨人毀謗隨人欺慢處處得益處處是進德之資若不用功只是魔也終被累倒

先生一日出遊禹穴顧田間禾曰能幾何時又如此長了范兆期在傍曰此只是有根學問能自植根亦不患無長先生曰人孰無根良知即是天植靈根自生生不息但著了私累把此根戕賊蔽塞不得發生耳

一友常易動氣責人先生警之曰學須反己若徒責人只見得人不是不見自己非若能反己方見自己有許多未盡處奚暇責人舜能化得象的傲其機括只是不見象的不是若舜只要正他的姦惡就見得象的不是矣象是傲人必不肯相下如何感化得他是友感悔曰你今後只不要去論人之是非凡當責辯人時就把做一件大己私克去方可

先生曰凡朋友問難縱有淺近粗疏或露才揚己皆是病發當因其病而藥之可也不可便懷鄙薄之心非君子與人爲善之心矣

問易朱子主卜筮程傳主理何如先生曰卜筮是理理亦是卜筮天下之理孰有大於卜筮者乎只爲後世將卜筮專主在占卦上看了所以看得卜筮似小藝不知今之師友問答博學審問慎思明辨篤行之類

皆是卜筮卜筮者不過求決狐疑神明吾心而已易是問諸天人有疑自信不及故以易問天謂人心尚有所涉惟天不容偽耳

黃勉之問無適也無莫也義之與比事事要如此否先生曰固是事事要如此須是識得箇頭腦乃可義即是良知曉得良知是箇頭腦方無執著且如受人餽送也有今日當受的他日不當受的也有今日不當受的他日當受的你若執着了今日當受的便一切受去執着了今日不當受的便一切不受去便是適

莫便不是良知的本體如何喚得做義

巳下門人黃省曾錄

問思無邪一言如何便蓋得三百篇之義先生曰豈特三百篇六經只此一言便可該貫以至窮古今天下聖賢的話思無邪一言也可該貫此外更有何說此是一了百當的功夫

問道心人心先生曰率性之謂道便是道心但著些人的意思在便是人心道心本是無聲無臭故曰微依著人心行去便有許多不安穩處故曰危

問中人以下不可以語上愚的人與之語上尚且不進況不與之語可乎先生曰不是聖人終不與語聖人的心憂不得人人都做聖人只是人的資質不同施教不可躐等中人以下的人便與他說性說命他也不省得也須謾謾琢磨他起來

一友問讀書不記得如何先生曰只要曉得如何要記得要曉得已是落第二義了只要明得自家本體若徒要記得便不曉得若徒要曉得便明不得自家的本體

問逝者如斯是說自家心性活潑潑地否先生曰然須要時時用致良知的功夫方才活潑潑地方才與他川水一般若須臾間斷便與天地不相似此是學問極至處聖人也只如此

問志士仁人章先生曰只為世上人都把生身命子看得來太重不問當死不當死定要宛轉委曲保全以此把天理卻丟去了忍心害理何者不為若違了天理便與禽獸無異便偷生在世上百千年也不過做了千百年的禽獸學者要於此等處看得明白比干

龍逢只爲他看得分明所以能成就得他的人

問叔孫武叔毀仲尼大聖人如何猶不免於毀謗先生曰毀謗自外來的雖聖人如何免得人只貴於自修若自己實實落落是箇聖賢縱然人都毀他也說他不著卻若浮雲揜日如何損得日的光明若自己是箇象恭色莊不堅不介的縱然沒一箇人說他他的惡慝終須一日發露所以孟子說有求全之毀有不虞之譽毀譽在外的安能避得只要自修何如爾

劉君亮要在山中靜坐先生曰汝若以厭外物之心去求之靜是反養成一箇驕惰之氣了汝若不厭外物復於靜處涵養卻好

王汝中省曾侍坐先生握扇命曰你們用扇省曾起對曰不敢先生曰聖人之學不是這等綑縛苦楚的不是妝做道學的模樣汝中曰觀仲尼與曾點言志一章略見先生曰然以此章觀之聖人何等寬洪包含氣象且爲師者問志於羣弟子三子皆整頓以對至於曾點飄飄然不看那三子在眼自去鼓起瑟來何等狂態及至言志又不對師之問目都是狂言設在

伊川或斥罵起來了聖人乃復稱許他何等氣象聖人敎人不是箇束縛他通做一般只如狂者便從狂處成就他狷者便從狷處成就他人之才氣如何同得

先生語陸元靜曰元靜少年亦要解五經志亦好博但聖人教人只怕人不簡易他說的皆是簡易之規以今人好博之心觀之卻似聖人教人差了

先生曰孔子無不知而作顏子有不善未嘗不知此是聖學眞血脈路

何廷仁黃正之李侯璧汝中德洪侍坐先生顧而言曰汝輩學問不得長進只是未立志侯璧起而對曰珙亦願立志先生曰難說不立未是必爲聖人之志耳對曰願立必爲聖人之志先生曰你眞有聖人之志良知上更無不盡良知上留得些子別念掛帶便非必爲聖人之志矣洪初聞時心若未服聽說到不覺悚汗

先生曰良知是造化的精靈這些精靈生天生地成鬼成帝皆從此出眞是與物無對人若復得他完完全

全無少虧欠自不覺手舞足蹈不知天地間更有何樂可代

一友靜坐有見馳問先生荅曰吾昔居滁時見諸生多務知解口耳異同無益於得姑教之靜坐一時窺見光景頗收近效久之漸有喜靜厭動流入枯槁之病或務爲玄解妙覺動人聽聞故邇來只說致良知良知明白隨你去靜處體悟也好隨你去事上磨鍊也好良知本體原是無動無靜的此便是學問頭腦我這箇話頭自滁州到今亦較過幾番只是致良知三

字無病醫經折肱方能察人病理

一友問功夫欲得此知時時接續一切應感處反覺照管不及若去事上周旋又覺不見了如何則可先生曰此只認良知未眞切尚有內外之間我這裏功夫不由人急心認得良知頭腦是當去朴實用功自會透徹到此便是內外兩忘又何心事不合一

又曰功夫不是透得這箇眞機如何得他充實光輝若能透得時不由你聰明知解接得來須胷中渣滓渾化不使有毫髮沾帶始得

先生曰天命之謂性命卽是性率性之謂道性卽是道修道之謂教道卽是教問如何道卽是教曰道卽是良知良知原是完完全全是的還他是非的還他非是非只依著他更無有不是處這良知還是你的明師

問不睹不聞是說本體戒慎恐懼是說功夫否先生曰此處須信得本體原是不睹不聞的亦原是戒慎恐懼的戒慎恐懼不曾在不睹不聞上加得些子見得眞時便謂戒慎恐懼是本體不睹不聞是功夫亦得

問通乎晝夜之道而知先生曰良知原是知晝知夜的又問人睡熟時良知亦不知了曰不知何以一叫便應曰良知常知如何有睡熟時曰向晦宴息此亦造化常理夜來天地混沌形色俱泯人亦耳目無所睹聞衆竅俱翕此卽良知收斂凝一時天地旣開庶物露生人亦耳目有所睹聞衆竅俱闢此卽良知妙用發生時可見人心與天地一體故上下與天地同流今人不會宴息夜來不是昏睡卽是忘思魘寐曰睡時功夫如何用先生曰知晝卽知夜矣日間良知是

順應無滯的夜間良知即是收斂凝一的有夢即先兆

又曰良知在夜氣發的方是本體以其無物欲之雜也學者要使事物紛擾之時常如夜氣一般就是通乎晝夜之道而知

先生曰僊家說到虛聖人豈能虛上加得一毫實佛氏說到無聖人豈能無上加得一毫有但僊家說虛從養生上來佛氏說無從出離生死苦海上來卻於本體上加卻這些子意思在便不是他虛無的本色了

便於本體有障礙聖人只是還他良知的本色更不著些子意在良知之虛便是天之太虛良知之無便是太虛之無形日月風雷山川民物凡有貌象形色皆在太虛無形中發用流行未嘗作得天的障礙聖人只是順其良知之發用天地萬物俱在我良知的發用流行中何嘗又有一物超於良知之外能作得障礙

或問釋氏亦務養心然要之不可以治天下何也先生曰吾儒養心未嘗離卻事物只順其天則自然就是

功夫釋氏卻要盡絕事物把心看做幻相漸入虛寂去了與世間若無些子交涉所以不可治天下

或問異端先生曰與愚夫愚婦同的是謂同德與愚夫愚婦異的是謂異端

先生曰孟子不動心與告子不動心所異只在毫釐間告子只在不動心上著功孟子便直從此心原不動處分曉心之本體原是不動的只為所行有不合義便動了孟子不論心之動與不動只是集義所行無不是義此心自然無可動處若告子只要此心不動便是把捉此心將他生生不息之根反阻撓了此非徒無益而又害之孟子集義工夫自是養得充滿並無餒歉自是縱橫自在活潑潑地此便是浩然之氣

又曰孟子病源從性無善無不善上見來性無善無不善雖如此說亦無大差但告子執定看了便有箇無善無不善的性在內有善有惡又在物感上看便有箇物在外卻做兩邊看了便會差無善無不善性原是如此悟得及時只此一句便盡了更無有內外之間告子見一箇性在內見一箇物在外便見他於性

有未透徹處

朱本思問人有虛靈方有良知若草木瓦石之類亦有良知否先生曰人的良知就是草木瓦石的良知若草木瓦石無人的良知不可以爲草木瓦石矣豈惟草木瓦石爲然天地無人的良知亦不可爲天地矣蓋天地萬物與人原是一體其發竅之最精處是人心一點靈明風雨露雷日月星辰禽獸草木山川土石與人原只一體故五穀禽獸之類皆可以養人藥石之類皆可以療疾只爲同此一氣故能相通耳

先生遊南鎭一友指岩中花樹問曰天下無心外之物如此花樹在深山中自開自落於我心亦何相關先生曰你未看此花時此花與汝心同歸於寂你來看此花時則此花顏色一時明白起來便知此花不在你的心外

問大人與物同體如何大學又說箇厚薄先生曰惟是道理自有厚薄比如身是一體把手足捍頭目豈是偏要薄手足其道理合如此禽獸與草木同是愛的把草木去養禽獸又忍得人與禽獸同是愛的宰禽

歎以養親與供祭祀燕賓客心又忍得至親與路人同是愛的如簞食豆羹得則生不得則死不能兩全寧救至親不救路人心又忍得這是道理合該如此及至吾身與至親更不得分別彼此厚薄蓋以仁民愛物皆從此出此處可忍更無所不忍矣大學所謂厚薄是良知上自然的條理不可踰越此便謂之義順這箇條理便謂之禮知此條理便謂之智終始是這條理便謂之信

又曰目無體以萬物之色爲體耳無體以萬物之聲爲體鼻無體以萬物之臭爲體口無體以萬物之味爲體心無體以天地萬物感應之是非爲體

問夭壽不貳先生曰學問功夫於一切聲利嗜好俱能脫落殆盡尚有一種生死念頭毫髮掛帶便於全體有未融釋處人於生死念頭本從生身命根上帶來故不易去若於此處見得破透得過此心全體方是流行無礙方是盡性至命之學

一友問欲於靜坐時將好名好色好貨等根逐一搜尋掃除廓清恐是剜肉做瘡否先生正色曰這是我醫

人的方子眞是去得人病根更有大本事人過了十數年亦還用得著你如不用且放起不要作壞我的方子是友愧謝少間曰此量非你事必吾門稍知意思者爲此說以誤汝在坐者皆悚然

一友問功夫不切先生曰學問功夫我已曾一句道盡如何今日轉說轉遠都不著根對曰致良知蓋聞教矣然亦須講明先生曰既知致良知又何可講明良知本是明白實落用功便是不肯用功只在語言上轉說轉糊塗曰正求講明致之之功先生曰此亦須你自家求我亦無別法可道昔有禪師人來問法只把麈尾提起一日其徒將麈尾藏過試他如何設法禪師尋麈尾不見又只空手提起我這箇良知就是設法的麈尾舍了這箇有何可提得少間又一友請問功夫切要先生旁顧曰我麈尾安在一時在坐者皆躍然

或問至誠前知先生曰誠是實理只是一箇良知實理之妙用流行就是神其萌動處就是幾誠神幾曰聖人聖人不貴前知禍福之來雖聖人有所不免聖人

只是知幾遇變而通耳良知無前後只知得見在的幾便是一了百了若有箇前知的心就是私心就有趨避利害的意邵子必於前知終是利害心未盡處

先生曰無知無不知本體原是如此譬如日未嘗有心照物而自無物不照無照無不照原是日的本體良知本無知今卻要有知本無不知今卻疑有不知只是信不及耳

先生曰惟天下之聖爲能聰明睿知舊看何等玄妙今看來原是人人自有的耳原是聰目原是明心思原

是睿知聖人只是一能之爾能處正是良知衆人不能只是箇不致知何等明白簡易

問孔子所謂遠慮周公夜以繼日與將迎不同何如先生曰遠慮不是茫茫蕩蕩去思慮只是要存這天理天理在人心亙古亙今無有終始天理卽是良知千思萬慮只是要致良知良知愈思愈精明若不精思漫然隨事應去良知便粗了若只著在事上茫茫蕩蕩去思教做遠慮便不免有毀譽得喪人欲攙入其中就是將迎了周公終夜以思只是戒慎不睹恐懼

不聞的功夫見得時其氣象與將迎自別
問一日克己復禮天下歸仁朱子作效驗說如何先生日聖賢只是為己之學重功夫不重效驗仁者以萬物為體不能一體只是己私未忘全得仁體則天下皆歸於吾仁就是八荒皆在我闥意天下皆與其仁亦在其中如在邦無怨在家無怨亦只是自家不怨如不怨天不尤人之意然家邦無怨於我亦在其中但所重不在此

問孟子巧力聖智之說朱子云三子力有餘而巧不足何如先生日三子固有力亦有巧巧力實非兩事巧亦只在用力處力而不巧亦是徒力三子譬如射一能步箭一能馬箭一能遠箭他射得到俱謂之力中處俱可謂之巧但步不能馬馬不能遠各有所長便是才力分限有不同處孔子則三者皆長然孔子之和只到得柳下惠而極清只到得伯夷而極任只到得伊尹而極何曾加得些子若謂三子力有餘而巧不足則其力反過孔子了巧力只是發明聖知之義若識得聖知本體是何物便自然了

先生曰先天而天弗違天卽良知也後天而奉天時良知卽天也

良知只是箇是非之心是非只是箇好惡只好惡就盡了是非只是非就盡了萬事萬變又曰是非兩字是箇大規矩巧處則存乎其人

聖人之知如青天之日賢人如浮雲天日愚人如陰霾天日雖有昏明不同其能辨黑白則一雖昏黑夜裏亦影影見得黑白就是日之餘光未盡處困學功夫亦只從這點明處精察去耳

問知譬日欲譬雲雲雖能蔽日亦是天之一氣合有的欲亦莫非人心合有否先生曰喜怒哀懼愛惡欲謂之七情七者俱是人心合有的但要認得良知明白比如日光亦不可指著方所一隙通明皆是日光所在雖雲霧四塞太虛中色象可辨亦是日光不滅處不可以雲能蔽日敎天不要生雲七情順其自然之流行皆是良知之用不可分別善惡但不可有所著七情有著俱謂之欲俱爲良知之蔽然纔有著時良知亦自會覺覺卽蔽去復其體矣此處能勘得破方

是箇易透徹功夫

問聖人生知安行是自然的如何有甚功夫先生曰知行二字卽是功夫但有淺深難易之殊耳良知原是精精明明的如欲孝親生知安行的只是依此良知實落盡孝而已學知利行者只是時時省覺務要依此良知盡孝而已至於困知勉行者蔽錮已深雖要依此良知去孝又爲私欲所阻是以不能必須加人一己百人十己千之功方能依此良知以盡其孝聖人雖是生知安行然其心不敢自是肯做困知勉行的功夫困知勉行的卻要思量做生知安行的事怎生成得

問樂是心之本體不知遇大故於哀哭時此樂還在否先生曰須是大哭一番了方樂不哭便不樂矣雖哭此心安處卽是樂也本體未嘗有動

問良知一而已文王作彖周公繫爻孔子贊易何以各自看理不同先生曰聖人何能拘得死格大要出於良知同便各爲說何害且如一園竹只要同此枝節便是大同若拘定枝枝節節都要高下大小一樣便

天則雖聖人聰明如何可與增減得一毫他只不能自信夫子與之一剖決便已竭盡無餘了若夫子與鄙夫言時留得些子知識在便是不能竭他的良知道體即有二了

先生曰烝烝乂不格姦本註說象已進進於義不至大爲姦惡舜徵庸後象猶日以殺舜爲事何大姦惡如之舜只是自進於乂以乂薰烝不去正他姦惡凡文過揜慝此是惡人常態若要指摘他是非反去激他惡性舜初時致得象要殺己亦是要象好的心太急此就是舜之過處經過來乃知功夫只在自己不去責人所以致得克諧此是舜動心忍性增益不能處古人言語俱是自家經歷過來所以說得親切遺之後世曲當人情若非自家經過如何得他許多苦心處

先生曰古樂不作久矣今之戲子尚與古樂意思相近未達請問先生曰韶之九成便是舜的一本戲子武之九變便是武王的一本戲子聖人一生實事俱播在樂中所以有德者聞之便知他盡善盡美與盡美

未盡善處若後世作樂只是做些詞調於民俗風化絶無關涉何以化民善俗今要民俗反朴還淳取今之戲子將妖淫詞調俱去了只取忠臣孝子故事使愚俗百姓人人易曉無意中感激他良知起來卻於風化有益然後古樂漸次可復矣曰洪要求元聲不可得恐於古樂亦難復先生曰你說元聲在何處求對曰古人制管候氣恐是求元聲之法先生曰若要去葭灰黍粒中求元聲卻如水底撈月如何可得元聲只在你心上求曰心如何求先生曰古人爲治先

養得人心和平然後作樂比如在此歌詩你的心氣和平聽者自然悅懌興起只此便是元聲之始書云詩言志志便是樂的本歌永言歌便是作樂的本聲依永律和聲律只要和聲和聲便是制律的本何嘗求之於外曰古人制候氣法是意何取先生曰古人具中和之體以作樂我的中和原與天地之氣相應候天地之氣協鳳凰之音不過去驗我的氣果和否此是成律已後事非必待此以成律也今要候灰管先須定至日然至日子時恐又不準又何處取得準

來
先生曰學問也要點化但不如自家解化者自一了百
當不然亦點化許多不得
孔子氣魄極大凡帝王事業無不一一理會也只從那
心上來譬如大樹有多少枝葉也只是根本上用得
培養功夫故自然能如此非是從枝葉上用功做得
根本也學者學孔子不在心上用功汲汲然去學那
氣魄卻倒做了
人有過多於過上用功就是補甑其流必歸於文過

今人於喫飯時雖然一事在前其心常役役不寧只緣
此心忙慣了所以收攝不住
琴瑟簡編學者不可無蓋有業以居之心就不放
先生嘆曰世間知學的人只有這些病痛打不破就不
是善與人同崇一曰這病痛只是箇好高不能忘己
爾
問良知原是中和的如何卻有過不及先生曰知得過
不及處就是中和
所惡於上是良知毋以使下即是致知

先生曰蘇秦張儀之智也是聖人之資後世事業文章許多豪傑名家只是學得儀秦故智儀秦學術善揣摸人情無一些不中人肯綮故其說不能窮儀秦亦是窺見得良知妙用處但用之於不善爾

或問未發已發先生曰只緣後儒將未發已發分說了只得劈頭說箇無未發已發使人自思得之若說有箇已發未發聽者依舊落在後儒見解若眞見得無未發已發說箇有未發已發原不妨原有箇未發已發在問曰未發未嘗不和已發未嘗不中譬如鐘聲未扣不可謂無既扣不可謂有畢竟有箇扣與不扣何如先生曰未扣時原是驚天動地既扣時也只是寂天寞地

問古人論性各有異同何者乃爲定論先生曰性無定體論亦無定體有自本體上說者有自發用上說者有自源頭上說者有自流弊處說者總而言之只是一箇性但所見有淺深爾若執定一邊便不是了性之本體原是無善無惡的發用上也原是可以爲善可以爲不善的其流弊也原是一定善一定惡的譬

如眼有喜時的眼有怒時的眼直視就是看的眼微視就是覷的眼總而言之只是這箇眼若見得怒時眼就說未嘗有喜的眼見得看時眼就說未嘗有覷的眼皆是執定就知是錯孟子說性直從源頭上說來亦是說箇大槩如此荀子性惡之說是從流弊上說來也未可盡說他不是只是見得未精耳衆人則失了心之本體問孟子從源頭上說性要人用功在源頭上明徹荀子從流弊說性功夫只在末流上救正便費力了先生曰然

先生曰用功到精處愈著不得言語說理愈難若着意在精微上全體功夫反蔽泥了

楊慈湖不為無見又着在無聲無臭上見了

人一日間古今世界都經過一番只是人不見耳夜氣清明時無視無聽無思無作淡然平懷就是羲皇世界平旦時神清氣朗雍雍穆穆就是堯舜世界日中以前禮儀交會氣象秩然就是三代世界日中以後神氣漸昏往來雜擾就是春秋戰國世界漸漸昏夜萬物寢息景象寂寥就是人消物盡世界學者信得

良知過不爲氣所亂便常做箇羲皇已上人

薛尚謙鄒謙之馬子莘王汝止侍坐因歎先生自征寧藩已來天下謗議益衆請各言其故有言先生功業勢位日隆天下忌之者日衆有言先生之學日明故爲宋儒爭是非者亦日博有言先生自南都以後同志信從者日衆而四方排阻者日益力先生曰諸君之言信皆有之但吾一段自知處諸君俱未道及耳諸友請問先生曰我在南都已前尚有些子鄉愿的意思在我今信得這良知眞是眞非信手行去更不著些覆藏我今纔做得箇狂者的胸次使天下之人都說我行不掩言也罷尚謙出曰信得此過方是聖人的眞血脈

先生鍛鍊人處一言之下感人最深一日王汝止出遊歸先生問曰遊何見對曰見滿街人都是聖人先生曰你看滿街人是聖人滿街人到看你是聖人在又一日董蘿石出遊而歸見先生曰今日見一異事先生曰何異對曰見滿街人都是聖人先生曰此亦常事耳何足爲異蓋汝止圭角未融蘿石恍見有悟故

問同答異皆反其言而進之洪與黃正之張叔謙汝中丙戌會試歸爲先生道塗中講學有信有不信先生曰你們拏一箇聖人去與人講學人見聖人來都怕走了如何講得行須做得箇愚夫愚婦方可與人講學洪又言今日要見人品高下最易先生曰何以見之對曰先生譬如泰山在前有不知仰者須是無目人先生曰泰山不如平地大平地有何可見先生一言翦裁剖破終年爲外好高之病在座者莫不悚懼

癸未春鄒謙之來越問學居數日先生送別于浮峯是夕與希淵諸友移舟宿延壽寺秉燭夜坐先生慨悵不已曰江濤煙柳故人倏在百里外矣一友問曰先生何念謙之之深也先生曰曾子所謂以能問於不能以多問於寡有若無實若虛犯而不較若謙之者良近之矣

丁亥年九月先生起復征思田將命行時德洪與汝中論學汝中舉先生教言曰無善無惡是心之體有善有惡是意之動知善知惡是良知爲善去惡是格物

德洪曰此意如何汝中曰此恐未是究竟話頭若說心體是無善無惡意亦是無善無惡的意知亦是無善無惡的知物是無善無惡的物矣若說意有善惡畢竟心體還有善惡在德洪曰心體是天命之性原是無善無惡的但人有習心意念上見有善惡在格致誠正修此正是復那性體功夫若原無善惡功夫亦不消說矣是夕侍坐天泉橋各舉請正先生曰我今將行正要你們來講破此意二君之見正好相資爲用不可各執一邊我這裏接人原有此二種利根

之人直從本源上悟入人心本體原是明瑩無滯的原是箇未發之中利根之人一悟本體卽是功夫人已內外一齊俱透了其次不免有習心在本體受蔽故且教在意念上實落爲善去惡功夫熟後渣滓去得盡時本體亦明盡了汝中之見是我這裏接利根人的德洪之見是我這裏爲其次立法的二君相取爲用則中人上下皆可引入於道若各執一邊眼前便有失人便於道體各有未盡既而曰已後與朋友講學切不可失了我的宗旨無善無惡是心之體有

善有惡是意之動知善知惡的是良知爲善去惡是格物只依我這話頭隨人指點自沒病痛此原是徹上徹下功夫利根之人世亦難遇本體功夫一悟盡透此顏子明道所不敢承當豈可輕易望人人有習心不教他在良知上實用爲善去惡功夫只去懸空想箇本體一切事爲俱不着實不過養成一箇虛寂此箇病痛不是小小不可不早說破是日德洪汝中俱有省

先生初歸越時朋友踪跡尚寥落既後四方來遊者日進癸未年已後環先生而居者比屋如天妃光相諸刹每當一室常合食者數十人夜無臥處更相就席歌聲徹昏旦南鎮禹穴陽明洞諸山遠近寺刹徙足所到無非同志遊寓所在先生每臨講座前後左右環坐而聽者常不下數百人送往迎來月無虛日至有在侍更歲不能遍記其姓名者每臨別先生常嘆曰君等雖別不出在天地間苟同此志吾亦可以忘形似矣諸生每聽講出門未嘗不跳躍稱快嘗聞之同門先輩曰南都以前朋友從遊者雖衆未有如在

越之盛者此雖講學日久孚信漸博要亦先生之學
日進感召之機申變無方亦自有不同也

此後黃以方錄

黃以方問博學於文為隨事學存此天理然則謂行有餘力則以學文其說似不相合先生曰詩書六藝皆是天理之發見文字都包在其中攷之詩書六藝皆所以學存此天理也不特發見于事為者方為文耳餘力學文亦只博學於文中事或問學而不思二句曰此亦有為而言其實思即學也學有所疑便須思

之思而不學者蓋有此等人只懸空去思要想出一箇道理卻不在身心上實用其力以學存此天理思與學作兩事做故有罔與殆之病其實思只是思其所學原非兩事也

先生曰先儒解格物為格天下之物天下之物如何格得且謂一草一木亦皆有理今如何去格縱格得草木來如何反來誠得自家意我解格作正字義物作事字義大學之所謂身即耳目口鼻四肢是也欲修身便是要目非禮勿視耳非禮勿聽口非禮勿言四

肢非禮勿動要修這箇身身上如何用得工夫心者身之主宰目雖視而所以視者心也耳雖聽而所以聽者心也口與四肢雖言動而所以言動者心也故欲修身在於體當自家心體常令廓然大公無有些子不正處主宰一正則發竅于目自無非禮之視發竅于耳自無非禮之聽發竅于口與四肢自無非禮之言動此便是修身在正其心然至善者心之本體也心之本體那有不善如今要正心本體上何處用得功必就心之發動處纔可著力也心之發動不能無不善故須就此處著力便是在誠意如一念發在好善上便實實落落去好善一念發在惡惡上便實實落落去惡惡意之所發既無不誠則其本體如何有不正的故欲正其心在誠意工夫到誠意始有着落處然誠意之本又在于致知也所謂人雖不知而己所獨知者此正是吾心良知處然知得善卻不依這箇良知便做去知得不善卻不依這箇良知便不去做則這箇良知便遮蔽了是不能致知也吾心良知既不能擴充到底則善雖知好不能著實好了惡

雖知惡不能著實惡了如何得意誠故致知者意誠之本也然亦不是懸空的致知致知在實事上格如意在于爲善便就這件事上去爲意在于去惡便就這件事上去不爲去惡固是格不正以歸於正爲善則不善正了亦是格不正以歸於正也如此則吾心良知無私欲蔽了得以致其極而意之所發好善去惡無有不誠矣誠意工夫實下手處在格物也若如此格物人人便做得人皆可以爲堯舜正在此也

先生曰衆人只說格物要依晦翁何曾把他的說去用我著實曾用來初年與錢友同論做聖賢要格天下之物如今安得這等大的力量因指亭前竹子令去格看錢子早夜去窮格竹子的道理竭其心思至於三日便致勞神成疾當初說他這是精力不足某因自去窮格早夜不得其理到七日亦以勞思致疾遂相與嘆聖賢是做不得的無他大力量去格物了及在夷中三年頗見得此意思乃知天下之物本無可格者其格物之功只在身心上做決然以聖人爲人人可到便自有擔當了這裏意思卻要說與諸公知

道

門人有言邵端峯論童子不能格物只教以灑掃應對之說先生曰灑掃應對就是一件物童子良知只到此便教去灑掃應對就是致他這一點良知了又如童子知畏先生長者此亦是他良知處故雖嬉戲中見了先生長者便去作揖恭敬是他能格物以致敬師長之良知了童子自有童子的格物致知又曰我這裏言格物自童子以至聖人皆是此等工夫但聖人格物便更熟得些子不消費力如此格物雖賣柴人亦是做得雖公卿大夫以至天子皆是如此做

或疑知行不合一以知之匪艱二句為問先生曰良知自知原是容易的只是不能致那良知便是知之匪艱行之惟艱

門人問曰知行如何得合一且如中庸言博學之又說箇篤行之分明知行是兩件先生曰博學只是事事學存此天理篤行只是學之不已之意又問易學以聚之又言仁以行之此是如何先生曰也是如此事事去學存此天理則此心更無放失時故曰學以聚

之然常常學存此天理更無私欲間斷此卽是此心不息處故曰仁以行之又問孔子言知及之仁不能守之知行卻是兩箇了先生曰說及之已是行了但不能常常行已爲私欲間斷便是仁不能守又問心卽理之說程子云在物爲理如何謂心卽理先生曰在物爲理在字上當添一心字此心在物則爲理如此心在事父則爲孝在事君則爲忠之類先生因謂之曰諸君要識得我立言宗旨我如今說箇心卽理是如何只爲世人分心與理爲二故便有許多病痛

如五伯攘夷狄尊周室都是一箇私心便不當理人卻說他做得當理只心有未純往往悅慕其所爲要來外面做得好看卻與心全不相干分心與理爲二其流至于伯道之僞而不自知故我說箇心卽理要使知心理是一箇便來心上做工夫不去襲義於義便是王道之眞此我立言宗旨又問聖賢言語許多如何卻要打做一箇曰我不是要打做一箇如曰夫道一而已矣又曰其爲物不二則其生物不測天地聖人皆是一箇如何二得

心不是一塊血肉凡知覺處便是心如耳目之知視聽手足之知痛癢此知覺便是心也

以方問曰先生之說格物凡中庸之慎獨及集義博約等說皆爲格物之事先生曰非也格物卽慎獨卽戒懼至於集義博約工夫只一般不是以那數件都做格物底事

以方問尊德性一條先生曰道問學卽所以尊德性也晦翁言子靜以尊德性誨人某教人豈不是道問學處多了些子是分尊德性道問學作兩件且如今講

習討論下許多工夫無非只是存此心不失其德性而已豈有尊德性只空空去尊更不去問學問學只是空空去問學更與德性無關涉如此則不知今之所以講習討論者更學何事問致廣大二句曰盡精微卽所以致廣大也道中庸卽所以極高明也蓋心之本體自是廣大底人不能盡精微則便爲私欲所蔽有不勝其小者矣故能細微曲折無所不盡則私意不足以蔽之自無許多障礙遮隔處如何廣大不致又問精微還是念慮之精微是事理之精微曰念

慮之精微卽事理之精微也

先生曰今之論性者紛紛異同皆是說性非見性也見性者無異同之可言矣

問聲色貨利恐良知亦不能無先生曰固然但初學用功卻須掃除蕩滌勿使留積則適然來遇始不爲累自然順而應之良知只在聲色貨利上用功能致得良知精精明明毫髮無蔽則聲色貨利之交無非天則流行矣

先生曰吾與諸公講致知格物日日是此講一二十年俱是如此諸君聽吾言實去用功見吾講一番自覺長進一番否則只作一場話說雖聽之一何用

先生曰人之本體常常是寂然不動的常常是感而遂通的未應不是先已應不是後

一友舉佛家以手指顯出問曰衆曾見否衆曰見之復以手指入袖問曰衆還見否衆曰不見佛說還未見性此義未明先生曰手指有見有不見爾之見性常在人之心神只在有覩有聞上馳騖不在不覩不聞上著實用功蓋不覩不聞是良知本體戒愼恐懼是

致良知的工夫學者時時刻刻常覩其所不覩常聞其所不聞工夫方有箇實落處久久成熟後則不須著力不待防檢而眞性自不息矣豈以在外者之聞見爲累哉

問先儒謂鳶飛魚躍與必有事焉同一活潑潑地先生曰亦是天地間活潑潑地無非此理便是吾良知的流行不息致良知便是必有事的工夫此理非惟不可離實亦不得而離也無往而非道無往而非工夫

先生曰諸公在此務要立箇必爲聖人之心時時刻刻

須是一棒一條痕一摑一掌血方能聽吾說話句句得力若茫茫蕩蕩度日譬如一塊死肉打也不知得痛癢恐終不濟事回家只尋得舊時伎倆而已豈不惜哉

問近來妄念也覺少亦覺不曾著想定要如何用功不知此是工夫否先生曰汝且去着實用功便多這些著想也不妨久久自會妥帖若纔下得些功便說效驗何足爲恃

一友自嘆私意萌時分明自心知得只是不能使他即

去先生曰你萌時這一知處便是你的命根當下即
去消磨便是立命工夫

夫子說性相近即孟子說性善不可專在氣質上說若
說氣質如剛與柔對如何相近得惟性善則同耳人
生初時善原是同的但剛的習於善則爲剛善習於
惡則爲剛惡柔的習於善則爲柔善習於惡則爲柔
惡便日相遠了

先生嘗語學者曰心體上著不得一念留滯就如眼著
不得些子塵沙些子能得幾多滿眼便昏天黑地了

又曰這一念不但是私念便好的念頭亦着不得些
子如眼中放些金玉屑眼亦開不得了

問人心與物同體如吾身原是血氣流通的所以謂之
同體若於人便異體了禽獸草木益遠矣而何謂之
同體先生曰你只在感應之幾上看豈但禽獸草木
雖天地也與我同體的鬼神也與我同體的請問先
生曰你看這箇天地中間甚麼是天地的心對曰嘗
聞人是天地的心曰人又甚麼教做心對曰只是一
箇靈明可知充天塞地中間只有這箇靈明人只爲

形體自間隔了我的靈明便是天地鬼神的主宰天沒有我的靈明誰去仰他高地沒有我的靈明誰去俯他深鬼神沒有我的靈明誰去辯他吉凶災祥天地鬼神萬物離卻我的靈明便沒有天地鬼神萬物了我的靈明離卻天地鬼神萬物亦沒有我的靈明如此便是一氣流通的如何與他間隔得又問天地鬼神萬物千古見在何沒了我的靈明便俱無了曰今看死的人他這些精靈游散了他的天地萬物尚在何處

先生起行征思田德洪與汝中追送嚴灘汝中舉佛家實相幻相之說先生曰有心俱是實無心俱是幻無心俱是實有心俱是幻汝中曰有心俱是實無心俱是幻是本體上說工夫無心俱是實有心俱是幻是工夫上說本體先生然其言洪於是時尚未了達數年用功始信本體工夫合一但先生是時因問偶談若吾儒指點人處不必借此立言耳

嘗見先生送二三耆宿出門退坐于中軒若有憂色德洪趨進請問先生曰頃與諸老論及此學眞員鑿方

柄此道坦如道路世儒往往自加荒塞終身陷荊棘之場而不悔吾不知其何說也德洪退謂朋友曰先生誨人不擇衰朽仁人憫物之心也

先生曰人生大病只是一傲字為子而傲必不孝為臣而傲必不忠為父而傲必不慈為友而傲必不信故象與丹朱俱不肖亦只一傲字便結果了此生諸君常要體此人心本是天然之理精精明明無纖介染著只是一無我而已胷中切不可有有即傲也古先聖人許多好處也只是無我而已無我自能謙謙者衆善之基傲者衆惡之魁

又曰此道至簡至易的亦至精至微的孔子曰其如示諸掌乎且人於掌何日不見及至問他掌中多少文理卻便不知即如我良知二字一講便明誰不知得若欲的見良知卻誰能見得問曰此知恐是無方體的最難捉摸先生曰良知即是易其為道也屢遷變動不居周流六虛上下無常剛柔相易不可為典要惟變所適此知如何捉摸得見得透時便是聖人

問孔子曰回也非助我者也是聖人果以相助望門弟

子否先生曰亦是實話此道本無窮盡問難愈多則精微愈顯聖人之言本自周遍但有問難的人胸中窒礙聖人被他一難發揮得愈加精神若顏子聞一知十胸中了然如何得問難故聖人亦寂然不動無所發揮故曰非助

鄒謙之嘗語德洪曰舒國裳曾持一張紙請先生寫拱把之桐梓一章先生懸筆為書到至於身而不知所以養之者顧而笑曰國裳讀書中過狀元來豈誠不知身之所以當養還須誦此以求警一時在侍諸友

皆惕然

嘉靖戊子冬德洪與王汝中奔師喪至廣信訃告同門約三年收錄遺言繼後同門各以所記見遺洪擇其切於問正者合所私錄得若干條居吳時將與文錄並刻矣適以憂去未遂當是時也四方講學日衆師門宗旨既明若無事於贅刻者故不復縈念去年同門曾子才漢得洪手抄復傍為采輯名曰遺言以刻行於荊洪讀之覺當時采錄未精乃為刪其重複削去蕪蔓存其三之一名曰傳

習續錄復刻於寧國之水西精舍今年夏洪來遊蘄沈君思畏曰師門之教久行于四方而獨未及于蘄蘄之士得讀遺言若親炙

夫子之教指見良知若重覩日月之光惟恐傳習之不博而未以重復之爲繁也請裒其所逸者增刻之若何洪曰然師門致知格物之旨開示來學學者躬修默悟不敢以知解承而惟以實體得故吾師終日言是而不憚其煩學者終日聽是而不厭其數蓋指示專一則體悟日精幾迎於言前神

發於言外感遇之誠也今吾師之沒未及三紀而格言微旨漸覺淪晦豈非吾黨身踐之不力多言有以病之耶學者之趨不一師門之教不宣也乃復取逸稿采其語之不背者得一卷其餘影響不眞與文錄既載者皆削之并易中卷爲問荅語以付黃梅尹張君增刻之庶幾讀者不以知解承而惟以實體得則無疑于是錄矣嘉靖丙辰夏四月

門人錢德洪拜書于蘄之崇正書院

附錄朱子晚年定論

定論首刻於南贛朱子病目靜久忽悟聖學之淵微乃大悔中年註述誤已誤人遍告同志師閱之喜已學與晦翁同手錄一卷門人刻行之自是爲朱子論異同者寡矣師曰無意中得此一助隆慶壬申虬峯謝君廷傑刻師全書命刻定論附語錄後見師之學與朱子無相繆戾則千古正學同一源矣并師首叙與袁慶麟跋凡若干條洪僭引其說

朱子晚年定論

陽明子序曰洙泗之傳至孟氏而息千五百餘年濂溪明道始復追尋其緒自後辨析日詳然亦日就支離決裂旋復湮晦吾嘗深求其故大抵皆世儒之多言有以亂之守仁早歲業舉溺志詞章之習既乃稍知從事正學而苦於衆說之紛撓疲薾茫無可入因求諸老釋欣然有會於心以爲聖人之學在此矣然於孔子之教間相出入而措之日用往往缺漏無歸依違往返且信且疑其後謫官龍場居夷處困動心忍性之餘恍若有悟體驗探求再更寒暑證諸五經

四子沛然若決江河而放諸海也然後嘆聖人之道坦如大路而世之儒者妄開竇逕蹈荊棘墮坑塹究其爲說反出二氏之下宜乎世之高明之士厭此而趨彼也此豈二氏之罪哉間嘗以語同志而聞者競相非議目以爲立異好奇雖每痛反深抑務自搜剔斑瑕而愈益精明的確洞然無復可疑獨於朱子之說有相牴牾恆疚於心切疑朱子之賢而豈其於此尚有未察及官留都復取朱子之書而檢求之然後知其晚歲固已大悟舊說之非痛悔極艾至以爲自誑誑人之罪不可勝贖世之所傳集註或問之類乃其中年未定之說自咎以爲舊本之誤思改正而未及而其諸語類之屬又其門人挾勝心以附己見固於朱子平日之說猶有大相繆戾者而世之學者局於見聞不過持循講習於此其於悟後之論槩乎其未有聞則亦何怪乎予言之不信而朱子之心無以自暴於後世也乎予既自幸其說之不繆於朱子又喜朱子之先得我心之同然且慨夫世之學者徒守朱子中年未定之說而不復知求其晚歲既悟之論

競相呶呶以亂正學不自知其已入於異端輒採錄而裒集之私以示夫同志庶幾無疑於吾說而聖學之明可冀矣正德乙亥冬十一月朔後學餘姚王守仁序

答黃直卿書

爲學直是先要立本文義卻可且與說出正意令其寛心玩味未可便令考校同異研究纖密恐其意思促迫難得長進將來見得大意略舉一二節目漸次理會蓋未晩也此是向來定本之誤今幸見得卻煩勇革不可苟避譏笑卻誤人也

答呂子約

日用工夫比復何如文字雖不可廢然涵養本原而察於天理人欲之判此是日用動靜之間不可頃刻間斷底事若於此處見得分明自然不到得流入世俗功利權謀裏去矣熹亦近日方實見得向日支離之病雖與彼中證候不同然忘己逐物貪外虛內之失則一而已程子說不得以天下萬物撓己己立後自能了得天下萬物今自家一箇身心不知安頓去處而談王說伯將

經世事業別作一箇伎倆商量講究不亦誤乎相去遠
不得面論書問終說不盡臨風嘆息而已

答何叔京

前此僭易拜稟博觀之敝誠不自揆乃蒙見是何幸如此然觀來諭似有未能遽舍之意何邪此理甚明何疑之有若使道可以多聞博觀而得則世之知道者爲不少矣熹近日因事方有少省發處如鳶飛魚躍明道以爲與必有事焉勿正之意同者乃今曉然無疑日用之間觀此流行之體初無間斷處有下工夫處乃知日前

自誑誑人之罪蓋不可勝贖也此與守書册泥言語全無交涉幸於日用間察之知此則知仁矣

答潘叔昌

示諭天上無不識字底神仙此論甚中一偏之弊然亦恐只學得識字卻不曾學得上天即不如且學上天耳上得天了卻旋學上天人亦不妨也中年以後氣血精神能有幾何不是記故事時節熹以目昏不敢著力讀書閒中靜坐收斂身心頗覺得力閒起看書聊復遮眼遇有會心處時一喟然耳

答潘叔度

熹衰病今歲幸不至劇但精力益衰目力全短看文字不得瞑目靜坐卻得收拾放心覺得日前外面走作不少頗恨盲廢之不早也看書鮮識之喻誠然然嚴霜大凍之中豈無些小風和日暖意思要是多者勝耳

與呂子約

孟子言學問之道惟在求其放心而程子亦言心要在腔子裏今一向耽着文字令此心全體都奔在冊子上更不知有己便是箇無知覺不識痛癢之人雖讀得書

亦何益於吾事邪

與周叔謹

應之甚恨未得相見其爲學規模次第如何近來呂陸門人互相排斥此由各徇所見之偏而不能公天下之心以觀天下之理甚覺不滿人意應之蓋嘗學於兩家未知其於此看得果如何因話扣之因書諭及爲幸也熹近日亦覺向來說話有大支離處反身以求正坐自已用功亦未切耳因此減去文字工夫覺得閒中氣象甚適每勸學者亦且看孟子道性善求放心兩章著實

體察收拾爲要其餘文字且大槩諷誦涵養未須大段著力考索也

答陸象山

熹衰病日侵去年災患亦不少比來病軀方似略可支吾然精神耗減日甚一日恐終非能久於世者所幸邇來日用工夫頗覺有力無復向來支離之病甚恨未得從容面論未知異時相見尚復有異同否耳

答符復仲

聞向道之意甚勤向所諭義利之閒誠有難擇者但意所疑以爲近利者卽便舍去可也向後見得親切卻看舊事又有見未盡舍未盡者不解有過當也見陸丈回書其言明當且就此持守自見功效不須多疑多問卻轉迷惑也

答呂子約

日用工夫不敢以老病而自懈覺得此心操存舍亡只在反掌之閒向來誠是太涉支離蓋無本以自立則事事皆病耳又聞講授亦頗勤勞此恐或有未便今日正要清源正本以察事變之幾微豈可一向汩溺於故紙

堆中使精神昏弊失後忘前而可以謂之學乎

與吳茂實

近來自覺向時工夫止是講論文義以爲積集義理久當自有得力處卻於日用工夫全少檢點諸朋友往往亦只如此做工夫所以多不得力今方深省而痛懲之亦欲與諸同志勉焉幸老兄徧以告之也

答張敬夫

熹窮居如昨無足言者自遠去師友之益兀兀度日讀書反己固不無警省處終是旁無彊輔因循汩沒尋復失之近日一種向外走作心悅之而不能自已者皆準止酒例戒而絕之似覺省事此前輩所謂下士晚聞道聊以拙自修者若充擴不已補復非前庶其有日舊讀中庸愼獨大學誠意毋自欺處常苦求之太過措詞煩猥近日乃覺其非此正是最切近處最分明處乃舍之而談空於冥漠之閒其亦誤矣方竊以此意痛自檢勒懍然度日惟恐有怠而失之也至於文字之閒亦覺向來病痛不少蓋平日解經最爲守章句者然亦多是推衍文義自做一片文字非惟屋下架屋說得意味淡薄

[illegible]

且是使人看者將註與經作兩項工夫做了下梢看得支離至於本旨全不相照以此方知漢儒可謂善說經者不過只說訓詁使人以此訓詁玩索經文訓詁經文不相離異只做一道看了直是意味深長也

答呂伯恭

道間與季通講論因悟向來涵養工夫全少而講說又多彊探必取尋流逐末之弊推類以求衆病非一而其源皆在此恍然自失似有頓進之功若保此不懈庶有望於將來然非如近日諸賢所謂頓悟之機也向來所聞誨諭諸說之未契者今日細思脗合無疑大抵前日之病皆是氣質躁妄之偏不曾涵養克治任意直前之弊耳

答周純仁

閒中無事固宜謹出然想亦不能一併讀得許多似此專人來往勞費亦是未能省事隨寓而安之病又如多服燥熱藥亦使人血氣偏勝不得和平不但非所以衛生亦非所以養心竊恐更須深自思省收拾身心漸令向裏令寧靜閒退之意勝而飛揚燥擾之氣消則治心

養氣處世接物自然安穩一時長進無復前日内外之患矣

答竇文卿

爲學之要只在著實操存密切體認自己身心上理會切忌輕自表襮引惹外人辯論枉費酬應分卻向裏工夫

答呂子約

聞欲與二友俱來而復不果深以爲恨年來覺得日前爲學不得要領自做身主不起反爲文字奪卻精神不

是小病每一念之惕然自懼且爲朋友憂之而每得子約書輒復恍然尤不知所以爲賢者謀也且如臨事遲回瞻前顧後只此亦可見得心術影子當時若得相聚一番彼此極論庶幾或有剖決之助今又失此幾會極令人悵恨也訓導後生若說得是當極有可自警省處不會減人氣力若只如此支離漫無統紀則雖不教後生亦只見得展轉迷惑無出頭處也

答林擇之

熹哀苦之餘無他外誘日用之間痛自斂飭乃知敬字

之功親切要妙乃如此而前日不知於此用力徒以口耳浪費光陰人欲横流天理幾滅今而思之怛然震悚益不知所以措其躬也

又

此中見有朋友數人講學其間亦難得朴實頭負荷得者因思日前講論只是口說不曾實體於身故在己在人都不得力今方欲與朋友說日用之間常切點檢氣習偏處意欲萌處與平日所講相似與不相似就此痛著工夫庶幾有益陸子壽兄弟近日議論卻肯向講學

上理會其門人有相訪者氣象皆好但其間亦有舊病此間學者卻是與渠相反初謂只如此講學漸涌自能入德不謂末流之弊只成說話至於人倫日用最切近處亦都不得毫毛氣力此不可不深懲而痛警也

答梁文叔

近看孟子見人即道性善稱堯舜此是第一義若於此看得透信得及直下便是聖賢便無一毫人欲之私做得病痛若信不及孟子又說箇第二節工夫又只引成覸顏淵公明儀三段說話教人如此發憤勇猛向前日

用之間不得存留一毫人欲之私在這裏此外更無別法若於此有箇舊迅興起處方有田地可下功夫不然卽是畫脂鏤冰無眞實得力處也近日見得如此自覺頗得力與前日不同故此奉報

答潘叔恭

學問根本在日用間持敬集義工夫直是要得念念省察讀書求義乃其間之一事耳舊來雖知此意然於緩急之間終是不覺有倒置處誤人不少今方自悔耳

答林充之

充之近讀何書恐更當於日用之間爲人之本者深加省察而去其有害於此者爲佳不然誦說雖精而不踐其實君子蓋深恥之此固充之平日所講聞也

答何叔景

李先生教人大抵令於靜中體認大本未發時氣象分明卽處事應物自然中節此乃龜山門下相傳指訣然當時親炙之時貪聽講論又方竊好章句訓詁之習不得盡心於此至今若存若亡無一的實見處辜負教育之意每一念此未嘗不愧汗沾衣也

又

熹近來尤覺昏憒無進步處蓋緣日前偷墮苟簡無深探力行之志凡所論説皆出入口耳之餘以故全不得力今方覺悟欲勇革舊習而血氣已衰心志亦不復彊不知終能有所濟否

又

向來妄論持敬之說亦不自記其云何但因其良心發見之微猛省提撕使心不昧則是做工夫底本領本領既立自然下學而上達矣若不察良心發見處卽渺渺茫茫恐無下手處也中間一書論必有事焉之說卻儘有病殊不蒙辨詰何邪所喻多識前言往行固君子之所急熹向來所見亦是如此近因反求未得箇安穩處卻始知此未免支離如所謂因諸公以求程氏因程氏以求聖人是隔幾重公案曷若默會諸心以立其本而其言之得失自不能逃吾之鑒邪欽夫之學所以超脫自在見得分明不爲言句所桎梏只爲合下入處親切今日說話雖未能絶無滲漏終是本領是當非吾輩所及但詳觀所論自可見矣

答林擇之

所論顏孟不同處極善極善正要見此曲折始無窒礙耳比來想亦只如此用功熹近只就此處見得向來未見底意思乃知存久自明何待窮索之語是眞實不誑語今未能久已有此驗況眞能久邪但當益加勉勵不敢少弛其勞耳

答楊子直

學者墮在語言心實無得固爲大病然於語言中罕見有究竟得徹頭徹尾者葢資質已是不及古人而工夫又草草所以終身於此若存若亡未有卓然可恃之實近因病後不敢極力讀書閒中卻覺有進步處大抵孟子所論求其放心是要訣爾

與田侍郎子眞

吾輩今日事事做不得只有向裏存心窮理外人無交涉然亦不免違條礙貫看來無着力處只有更攢近裏面安身立命爾不審比日何所用心因書及之深所欲聞也

答陳才卿

詳來示知日用工夫精進如此尤以爲喜若知此心此理端的在我則參前倚衡自有不容捨者亦不待求而得不待操而存矣格物致知亦是因其所已知者推之以及其所未知只是一本原無兩樣工夫也

與劉子澄

居官無修業之益若以俗學言之誠是如此若論聖門所謂德業者卻初不在日用之外只押文字便是進德修業地頭不必編綴異聞乃爲修業也近覺向來爲學實有向外浮泛之弊不惟自誤而誤人亦不少方別尋

得一頭緒似差簡約端的始知文字言語之外眞別有用心處恨未得面論也浙中後來事體大段支離乖僻恐不止似正似邪而已極令人難說只得惶恐痛自警省恐未可專執舊說以爲取舍也

與林擇之

熹近覺向來乖繆處不可縷數方惕然思所以自新者而日用之間悔吝潛積又已甚多朝夕惴懼不知所以爲計若擇之能一來輔此不逮幸甚然講學之功比舊卻覺稍有寸進以此知初學得些靜中功夫亦爲助不

小

答呂子約

示喻日用工夫如此甚善然亦且要見一大頭腦分明便於操舍之間有用力處如實有一物把住放行在自家手裏不是謾說求其放心實卻茫茫無把捉處也子約復書云某蓋嘗深體之此箇大頭腦本非外面物事是我元初本有底其曰人生而靜其曰喜怒哀樂之未發其曰寂然不動人汩汩地過了日月不曾存息不曾實見此體段如何會有用力處程子謂這箇義理仁

者又看做仁了智者又看做智了百姓日用而不知此所以君子之道鮮此箇亦不少亦不剩只是人看他不見不大段信得此話及其言於勿忘勿助長間認取者認乎此也認得此則一動一靜皆不昧矣惻隱羞惡辭讓是非四端之著也操存久則發見多忿懥憂患好樂恐懼不得其正也放舍甚則日滋長記得南軒先生謂驗厥操舍乃知出入乃是見得主腦於操舍間有用力處之實話蓋苟知主腦不放下雖是未能常常操存然語默應酬間歷歷能自省驗雖其實有一物在我手裏

然可欲者是我底物不可放失不可欲者非是我物不可留藏雖謂之實有一物在我手裏亦可也若是謾說既無歸宿亦無依據縱使彊把捉得住亦止是襲取夫豈是我元有底邪愚見如此敢望指教朱子荅書云此段大槩甚正當親切

答吳德夫

承諭仁字之說足見用力之深熹意不欲如此坐談但直以孔子程子所示求仁之方擇其一二切於吾身者篤志而力行之於動靜語默閒勿令閒斷則久久自當

知味矣去人欲存天理且據所見去之存之工夫既深則所謂似天理而實人欲者次第可見今大體未正而便察及細微恐有放飯流歠而問無齒決之譏也如何如何

答或人

中和二字皆道之體用舊聞李先生論此最詳後來所見不同遂不復致思今乃知其為人深切然恨已不能盡記其曲折矣如云人固有無所喜怒哀樂之時然謂之未發則不可言無主也又如先言慎獨然後及中和

此亦嘗言之但當時既不領略後來又不深思遂成蹉
過孤負此翁耳

答劉子澄

日前爲學緩於反己追思凡百多可悔者所論註文字
亦坐此病多無着實處回首茫然計非歲月工夫所能
救治以此愈不自快前時猶得敬夫伯恭時惠規益得
以自警省二友云亡耳中絶不聞此等語今乃深有望
於吾子澄自此惠書痛加鐫誨乃君子愛人之意也

朱子之後如眞西山許魯齋吳草廬亦皆有見於
此而草廬見之尤眞悔之尤切今不能備錄取草

廬一說附於後

臨川吳氏曰天之所以生人人之所以爲人以此德性
也然自聖傳不嗣士學靡宗漢唐千餘年閒董韓二子
依稀數語近之而原本竟昧昧也逮夫周程張邵興始
能上通孟氏而爲一程氏四傳而至朱文義之精密又
孟氏以來所未有者其學徒往往滯於此而溺其心夫
既以世儒記誦詞章爲俗學矣而其爲學亦未離乎言
語文字之末此則嘉定以後朱門末學之敝而未有能

救之者也夫所貴乎聖人之學以能全天之所以與我者爾天之與我德性是也是爲仁義禮智之根株是爲形質血氣之主宰舍此而他求所學何學哉假而行如司馬文正公才如諸葛忠武侯亦不免爲習不著行不察亦不過爲資器之超於人而謂有得於聖學則未也況止於訓詁之精講說之密如北溪之陳雙峯之饒則與彼記誦詞章之俗學相去何能以寸哉聖學大明於宋代而躋其後者如此可嘆已澄也鑽研於文義毫分縷析每以陳爲未精饒爲未密也墮此科臼中垂四十

年而始覺其非自今以往一日之内子而亥一月之内朔而晦一歲之内春而冬常見吾德性之昭昭如天之運轉如日月之往來不使有須臾之閒斷則於尊之之道殆庶幾乎於此有未能則問於人學於己而必欲其至若其用力之方非言之可喻亦味於中庸首章訂頑終篇而自悟可也

朱子晚年定論我

陽明先生在留都時所採集者也揭陽薛君尚謙舊錄一本同志見之至有不及抄寫袖之而去者衆皆

憚於翻錄乃謀而壽諸梓謂子以齒當志一言惟朱子一生勤苦以惠來學凡一言一字皆所當守而獨表章是尊崇乎此者蓋以爲朱子之定見也今學者不求諸此而猶踵其所悔是蹈舛也豈善學朱子者哉麟無似從事於朱子之訓餘三十年非不專且篤而竟亦未有居安資深之地則猶以爲知之未詳而覽之未博也戊寅夏持所著論若干卷來見先生聞其言如日中天睹之即見如五穀之藝地種之即生不假外求而眞切簡易恍然有悟退求其故而不合則又不免遲疑於其間及讀是編始釋然盡投其所業假館而受學蓋三月而若將有聞焉然後知嚮之所學乃朱子中年未定之論是故三十年而無獲今賴天之靈始克從事於其所謂定見者故能三月而若將有聞也非吾先生幾乎已矣敢以告夫同志使無若麟之晚而後悔也若夫直求本原於言語之外眞有以驗其必然而無疑者則存乎其人之自力是編特爲之指迷耳

正德戊寅六月望門人雩都袁慶麟謹識

全書卷之三